AF332032

Projets de Lois

D'IMPOT DE RÉSERVE

POUR LES BRAS SANS TRAVAIL

ASSOCIANT

L'ÉTAT AU PEUPLE

LE PEUPLE A L'ÉTAT

PAR JACQUES BOUISSEREN

18, Rue des Minimes, 18

❦

PARIS

ALCAN-LÉVY, IMPRIMEUR BREVETÉ

61, RUE DE LAFAYETTE, 61

1876

Paris. — Alcan-Lévy, imprimeur breveté, 61, rue de Lafayette

PROJETS DE LOIS

MM. LES EMPEREURS, ROIS, REINES
ET PRÉSIDENTS

Vous savez tous comme moi que la misère ne fait qu'augmenter tous les jours, ce qui ne peut que devenir nuisible à tous les gouvernements et à la société, parce que tous ces malheureux se déplacent d'un pays à un autre, de sorte que tous les États sont atteints de la même maladie.

La misère, cette grande plaie de tous les royaumes, a entraîné des honnêtes gens au déshonneur, au vol, à l'assassinat. Elle occasionne des sociétés, lesquelles deviennent quelquefois nuisibles au chef de l'État, par leurs idées plus ou moins modernes ; tout cela n'empêche pas l'État d'avoir ses hôpitaux pleins de malheureux. Ses bureaux de secours, ses fourneaux économiques, dont les pauvres honnêtes n'osent en user, et c'est vraiment une humiliation, lorsque l'on a l'intention de travailler pour gagner sa vie.

Eh bien, Messieurs, voulez-vous supprimer tout cela, vous faire aimer de vos peuples et les rendre heureux ? Examinez avec attention mon projet d'Impôt de réserve ; vous n'aurez plus besoin d'hôpitaux, de bureaux de secours, de fourneaux économiques, vous arrêterez la formation des sociétés, le crime, le déshonneur et l'humiliation.

D'où provient cette grande misère qui ne fait qu'augmenter tous les jours? Voici le mal :

Les uns travaillent trop, les autres pas assez et d'autres pas du tout. Les uns sont trop payés, les autres pas assez ; de ces deux causes, j'en ai résumé que le grand nombre de travailleurs dans la production de l'industrie par le manque de travail et de consommation, fait augmenter la misère.

J'établis quinze millions de travailleurs en France pour savoir si tous peuvent travailler, ce qu'ils peuvent gagner, et si leur gain peut suffire à leurs besoins. Je trouve qu'il y a cinq millions de travailleurs qui ne font rien, et les autres dix millions, trop peu de chose pour arriver à se suffire.

TABLEAU EXPLICATIF ET NOMINATIF

DU PRIX DU PRODUIT DE CHAQUE JOURNÉE DE TRAVAIL PAR CHAQUE TRAVAILLEUR

Nombre.		fr.	c.
1.000.000	De travailleurs dont le prix du produit de chaque journée de travail est de..............................	1	»
1.000.000	Id....................................	1	50
1.000.000	Id....................................	2	»
2.000.000	Id....................................	2	50
2.000.000	Id....................................	3	»
2.000.000	Id....................................	3	50
2.000.000	Id....................................	4	»
2.000.000	Id....................................	4	50
1.000.000	Id....................................	5	»
1.000.000	Id....................................	5	50
	Total................	32	50

Le tableau explicatif du prix du produit de chaque journée par chaque travailleur, donne une moyenne de 3 fr. 25 à chaque travailleur par chaque journée de travail. Mais comme ils ne travaillent pas six jours par semaine, je trouve que chaque travailleur perd deux jours par semaine; ce qui fait que les quinze millions de travailleurs sont obligés de supporter en partie ou en totalité une perte du prix du produit de trente millions de journées par semaine, et à 3 fr. 25, la journée par chaque travailleur, produit une somme en perte de cent millions de francs par semaine, que la production de l'industrie est forcée de faire supporter à tous ses travailleurs, par le fait qui produit le manque de travail ou par le trop grand nombre de travailleurs.

Voir le tableau ci-après;

RÉSUMÉ DE LA PERTE D'UNE SEMAINE

Nombre	Prix de la journée		Nombre de journées	Montant des journées par fr.	
	fr.	c.			
1	1	»	2	2	Chaque Travailleur perd 2 fr. par semaine, produit. 2 fr.
1	1	50	2	3	Id. 3 Id........ 3
1	2	»	2	4	Id. 4 Id 4
2	2	50	2	5	Id. 5 Id........ 10
2	3	»	2	6	Id. 6 Id........ 12
2	3	50	2	7	Id. 7 Id........ 14
2	4	»	2	8	Id. 8 Id........ 16
2	4	50	2	9	Id. 9 Id........ 18
1	5	»	2	10	Id. 10 Id........ 10
1	5	50	2	11	Id. 11 Id........ 11
15	32	50	20	65	Montant de la perte de chaque semaine. 100 fr.

Figurez-vous, Messieurs, que cela ne semble rien sur les tableaux; les travailleurs n'en font pas moins une perte de un milliard cinq cent soixante millions de journées par an.

Pour en finir plus vite, pour appliquer la guérison, que les quinze millions d'ouvriers travaillent ou ne travaillent pas, il s'agit de les préserver de la misère et de mettre fin à la mendicité, sans porter atteinte ni aux intérêts, ni aux droits, ni aux libertés des citoyens de n'importe quelle classe de la societé à laquelle ils appartiennent, sans exception de sexe.

Voyez le statut suivant qui vous donnera la guérison radicale :

TABLEAU NOMINATIF

DU PRODUIT DE LA POPULATION PAR DEGRÉS D'AGE, SANS EXCEPTION DE SEXE

ARTICLE 1er.

Depuis la naissance jusqu'à l'âge de quinze ans, on ne paiera rien.

ARTICLE 2.

Depuis l'âge de quinze ans jusqu'à dix-huit,

période de trois ans, **un million** huit cent mille habitants qui verseraient cinq francs par an, par douzième, quarante et un centimes et demi par mois, ce qui produirait la somme de neuf millions.

ARTICLE 3.

Depuis l'âge de dix-huit ans jusqu'à vingt et un, période de trois ans, un million huit cent mille habitants qui verseraient huit francs par an, par douzième, soixante-six centimes et demi par mois, produiront la somme de quatorze millions quatre cent mille francs.

ARTICLE 4.

Depuis l'âge de vingt et un ans jusqu'à quarante-cinq, période de vingt-cinq ans, population quinze millions d'habitants qui verseraient douze francs par an, par douzième, un franc par mois, produiraient la somme de cent quatre-vingt millions de francs.

ARTICLE 5.

Depuis l'âge de quarante-cinq ans jusqu'à cinquante-cinq, période de dix ans, population sept millions d'habitants qui verseraient dix francs par an, par douzième, quatre-vingt-trois centimes et demi par mois, produiraient la somme de soixante-dix millions.

ARTICLE 6.

Depuis l'âge de cinquante-cinq ans jusqu'à soixante-cinq, période de dix ans, quatre millions d'habitants qui verseraient huit francs par an, par douzième, soixante-six centimes et demi par mois, produiraient la somme de trente-deux millions.

ARTICLE 7.

Depuis l'âge de soixante-cinq ans et au-dessus, deux millions d'habitants qui ne verseraient rien.

ARTICLE 8.

Algérie : population deux millions cinq cent mille habitants, versement en moyenne huit francs par an, produirait la somme de vingt millions pour l'Algérie.

Total général de la population : quarante et un millions six cent mille habitants.

Total général des recettes : trois cent vingt-cinq millions quatre cent mille par an.

La somme de trois cent vingt-cinq millions quatre cent mille serait plus que suffisante pour établir l'équilibre de la société.

Toute personne malade ou infirme, ou trop faible de constitution pour pouvoir travailler, ou manque de travail, se trouvant avoir besoin des secours mutuels, aurait droit pendant toute la durée de la maladie ou de manque de travail à une prime de :

TITRE 1er.

Depuis l'âge de quinze ans jusqu'à dix-huit, deux francs par jour.

TITRE 2.

Depuis l'âge de dix-huit ans jusqu'à vingt et un, deux francs vingt-cinq centimes par jour.

TITRE 3.

Depuis l'âge de vingt et un ans jusqu'à quarante-cinq, quatre francs par jour.

TITRE 4.

Depuis l'âge de quarante-cinq ans jusqu'à cinquante-cinq, quatre francs cinquante centimes par jour.

TITRE 5.

Depuis l'âge de cinquante-cinq ans jusqu'à soixante-cinq, cinq francs par jour.

Titre 6.

A partir de l'âge de soixante-cinq ans, on ne versera plus rien, mais on aura droit à une pension de cinq cents francs par an.

Il va sans dire, que pour éviter la confusion de l'Impôt direct et de l'Impôt de réserve, il est utile d'avoir pour la comptabilité des registres à part.

Le personnel de l'Impôt de réserve prendrait les titres suivants :

Le chef de l'Etat, Président.

Le Ministre de l'Intérieur, Vice-Président.

Ministre des Finances, Trésorier.

MM. les Préfets seraient nommés Inspecteurs de leur département pour en rendre compte au Ministre des Finances.

MM. les Sous-Préfets seraient chargés de surveiller toute la comptabilité de leur arrondissement pour en rendre compte à MM. les Préfets.

MM. les Maires seraient nommés Caissiers et Payeurs, chacun dans leur commune respective.

Tous les membres des Conseils municipaux seraient chargés de surveiller la comptabilité de leur commune et l'exécution de tous les articles concernant l'emploi des fonds.

Tous les versements de l'Impôt de réserve seraient perçus de la même manière que l'Impôt ordinaire ; bien entendu que les Percepteurs et Receveurs seraient tenus d'avoir un livre à souche, à part l'impôt direct.

On établirait une caisse dans chaque Commune pour recevoir les versements de l'Impôt de réserve, laquelle serait sous l'autorité du Maire et la surveillance du Conseil municipal de chaque Commune ; la même caisse servirait pour la distribution de ses besoins, et elle serait surveillée par les mêmes surveillants.

Tous les fonds produits de l'Impôt de réserve seraient versés par MM. les Percepteurs ou Receveurs, et par produit de chaque commune, dans les caisses de Préfectures ou de Sous-Préfectures.

Les chefs-lieux de Département recevraient des Communes ou Sous-Préfectures, comme caisse de dépôt, laquelle fournirait aux Communes qui n'auraient pas assez de fonds pour faire face à outes leurs dépenses.

Les Maires et les Conseillers devront dresser un Rapport avec la date du jour où l'ouvrier malade, sans travail ou faible de constitution, toucherait sa prime, et le jour où il ne la toucherait plus ; signé et approuvé par leurs médecins.

Pour la régularité de la comptabilité, MM. les Maires, avec le Conseil municipal de chaque Commune, seraient chargés de faire un arrêté de compte toutes les fins de mois, lequel serait envoyé au Sous-Préfet de leur arrondissement.

Le Sous-Préfet serait chargé de vérifier tous les arrêtés de comptes des Communes de son arrondissement, et de les envoyer à MM. les Préfets, lesquels, avec le concours du Maire et du Conseil, sont chargés de l'arrêté de compte de tout leur département pour remettre au Ministre des Finances, lequel fait faire un exposé de la situation de toutes les caisses des départements tous les trois mois, et ces exposés remis à la cour du Sénat.

Puis tous les comptes seraient soumis au Corps Législatif pour être contrôlés. Il est bien entendu que les fonds produits des versements de l'Impôt de réserve ne peuvent, sous aucun rapport, être employés à d'autres besoins que pour ceux de l'Impôt de réserve.

Il va sans dire qu'avec cette base, l'on peut régler l'Impôt de réserve, soit en moins soit en plus, selon l'importance de la population.

Plus j'y réfléchis, plus j'y vois un grand développement. Il existe dans la société un grand nombre de travailleurs qui cherchent à faire des économies au détriment de leur santé. Croyez-vous que celui qui n'achète que deux sous de pain, s'il peut en acheter pour quatre, s'en privera? Assurément non ; il en est de même pour ce qui est nécessaire à son entretien.

Quelle est cette nature humaine qui n'aime pas la propreté pour ne pas dire le luxe. Si celui qui n'a qu'une paire de chaussures, une chemise et un pantalon peut en avoir de rechange, ne croyez-vous pas qu'il le fasse, dès l'instant qu'il sait qu'il aura toujours un morceau de pain pour le restant de ses jours? N'avons-nous pas tous quelques fantaisies plus ou moins coûteuses?

Donc, l'écoulement du produit de l'Industrie et de la Culture est forcé par mon projet de l'Impôt de réserve, lequel équilibre la société, et que vous pouvez appeler en même temps Impôt d'économies.

JACQUES BOUISSEREN.

18, rue des Minimes.